麥 田 人 文

王德威／主編

神話與意義

MYTH and
MEANING

CLAUDE
LÉVI-STRAUSS

李維史陀

楊德睿◎譯

作者簡介

李維史陀（Claude Lévi-Strauss）

法國當代著名人類學家，結構主義開派宗師。

1908 年出生於比利時布魯塞爾一個猶太家庭，父親是一位藝術家。早年在巴黎大學攻讀哲學、法律，後轉向人類學研究。1934 年到巴西聖保羅大學任教，並進行巴西亞馬遜河流域印第安部落之田野研究。二次大戰期間，任職於紐約社會研究新學院。1959 年擔任法蘭西學院社會人類學講座教授，1982 年退休。退休之後，李維史陀仍持續發表重要著作。

主要著作有：

《南比克瓦拉部落印第安人的家庭生活與社會生活》（ *La vie familiale et sociale des Indiens Nambikwara*, 1948 ）

《親屬關係的基本結構》（ *Les structures élémentaires de la parenté*, 1949 ）

《憂鬱的熱帶》（ *Tristes Tropiques*, 1955 ）

《結構人類學》第一卷（ *Anthropologie structurale*, I, 1958 ）

（當代圖騰制度》（ *Le totémisme aujourd'hui*, 1962 ）

《野性的思維》（ *La pensée sauvage*, 1962 ）

《神話學》卷一：《生食與熟食》（ *Mythologiques I: Le cru et le cuit*, 1964 ）

《神話學》卷二：《從蜜蜂到煙灰》（ *Mythologiques II: Du miel aux cendres*, 1967 ）

《神話學》卷三：《餐桌禮儀的起源》（ *Mythologiques III: L'origine des manières de table*, 1968 ）

《神話學》卷四：《裸人》（ *Mythologiques IV: L'homme nu*, 1971 ）

《結構人類學》第二卷（ *Anthropologie structurale*, II, 1973 ）

《假面具的途徑》（ *La voie des masques*, 1975 ）

《遙遠的眺望》（ *Le regard eloigné*, 1983 ）

《演講集》（ *Paroles données*, 1984 ）

《忌妒的女製陶人》（ *La potière jalouse*, l985 ）

《象徵及其副本》（ *Des symboles et leurs doubles*, 1989 ）

《猞猁的故事》（ *Histoire de lynx*, 1991 ）

譯者簡介
楊德睿
1993年台灣大學政治學碩士，1997年英國曼徹斯特大學
社會人類學碩士，現於倫敦政經學院（LSE）人類學系博
士班就讀。譯有《原始的叛亂》、《波柏》等書。

目次

一九七七年馬賽講座

　　自從十七世紀科學誕生以來，我們便將神話視為迷信與原始心靈的產物而予以摒棄，然而，時至今日，我們對於神話在人類歷史中的性質與角色的理解，才可謂漸臻完善。在這五篇演說之中，才識絕倫的社會人類學家克勞德・李維史陀（Claude Lévi-Strauss），貢獻出了他窮畢生之力於詮釋神話、嘗試揭露神話對於人類知性的重要性而得到的洞見。

　　題為「神話與意義」的這幾篇演講，係於一九七七年十二月在加拿大廣播公司（CBC）「觀念」（Ideas）系列廣播節目中播放，其內容則是由李維史陀教授與加拿大廣播公司巴黎分部的製作人卡若勒・歐爾・杰洛姆（Carole Orr Jerome）之間數回冗長的對談剪輯編綴而成，並由「觀念」系列的執行製作傑拉丁・謝爾曼（Geraldine Sherman）統籌規劃，貝涅・陸赫（Bernie Lucht）具體負責製作。

　　以文本形式印行的這幾篇講稿，其篇幅較之原初的廣播略有擴增，以容納因為節目時間的限

制所不得不割捨的部分材料。此外，廣播中所用
的口語詞彙經過了些微的調整潤飾，以使之符合
較為嚴格的文書準則。卡若勒・歐爾・杰洛姆向
李維史陀教授所提出的主要問題，在形塑這幾篇
演說的呈現形式上發揮了一定的作用，故宜予列
述如下：

第一章

　　您的許多讀者認為：您試圖將我們帶回到神
話式的思維中去，並認為我們失去了某些珍寶，
必須努力將之找回來。這是否意指我們必須拋棄
科學與現代的思維，並歸返神話式的思維？

　　何謂結構主義？您是如何創造出「結構性的
思維，是有其可能性的」這種觀念的呢？

　　是否一定要掌握秩序與規則才能夠掌握意
義？在混沌之中是否能把握意義？您說「有秩序
優於無秩序」，究為何意？

第二章與第三章

　　有些人認為所謂原始民族的思想遜於科學的思想，他們說：前者之所以遜於後者，不是因為思想方式的不同，而是因為就科學的觀點來看，它是錯誤的。您又是如何評價「原始」思維與「科學的」思維之間的異同呢？

　　赫胥黎（Aldous Huxley）在其《領悟之門》（*The Doors of Perception*）一書中申論道：大多數人只使用了我們人類心靈能力中的一部分，其餘的部分則徹底地被封閉了。您是否覺得：在當前的生活形態之中生長的我們，比起您筆下的那些以神話式的風格來進行思考的民族，使用到的心靈能力要少得多？

　　自然界向我們人類示現一個萬象紛呈的大千世界，而在人類文化發展的過程中，我們傾向於發掘、標榜人類之間的差異性而非相似性。您是否認為：我們將會發展到「可以開始去打破許多目前存在於人類彼此之間的分野」這樣的一種境界？

第四章

　　僅僅因為研究者存在，就會使研究對象為研究者所改變，這是一個存在已久的問題了。準此以衡諸我們所蒐集的神話故事，不能不令人懷疑：它們的意義與秩序，究竟是原本就蘊含於其中？抑或是蒐集這些故事的人類學家所賦會強加於其上？

　　神話式思維的概念組織與歷史學的概念組織有何差異？以神話的方式來述說一個故事，是否仍是以歷史事實為本，然後再將之變形，並以不同的方式來加以運用？

第五章

　　可否請您概略地談談神話與音樂的關係？

　　您說神話與音樂都導源於語言，只是分別走上了不同的演化方向。您此說究竟意為何指？

一個楔子

　　雖然我行將要談論我所寫過的東西、我的書和論文等等，然而，不幸的是：實際上，每當我寫完之後，我馬上就忘了我所寫過的東西。我的這種健忘可能會招致某種麻煩，但不管怎麼說，我認為這中間也蘊含著某種重要的意義：正因為這種健忘，讓我覺得不是我自己主動寫了我的書，而是我的書驅使我將它寫出來，並且，一旦它們經過我而被寫成之後，我便覺得爽然空虛、了無遺緒。

　　你們可能記得我曾經寫道：「神話指使人在不知不覺中將它們想出來」。許多英語世界的同行對這句話多所議論甚至批判，因為他們覺得：從一種經驗性的觀點來看，這話是徹底的胡說八道。但對於我來說，這話卻是對於一種活生生的體驗的描述，因為它精確地道出了我對於我與我的作品之間的關係的感受，那就是：我的作品在不知不覺中驅使了我去將它構想出來。

　　我從來不曾，且至今仍然沒能領會過自我認同的感覺。對於我自己而言，「我」呈現為一個某

些事物正在發生的所在，但不存在「做爲主詞的我 (I)」，也沒有「做爲受詞的我 (me)」。我們每一個人都彷彿是一個發生了某些事物的十字街頭。十字街頭是純然消極被動的；那些事物只是湊巧發生在那裏。另一件不同的，但也具有同等眞確性的事物，則發生在別的地方。在這中間，不存在任何選擇的餘地，一切全爲機緣所決定。

我絕無意僞稱：「因爲我這樣想，所以我有權斷定每個人都這麼想。」但是我相信：無論任何一位學者和作家，其所獨具的思考或書寫方式，都可謂開啓了對人類的一種新的觀照。由於我本人具有這種特質，或許讓我能夠點出某種眞確的情況，縱然我的同行們的思考途徑開啓了迥然不同的視角，但所有的這些觀點都一樣是有效的。

神話與意義

神話與科學的邂逅
第　　　1　　　章

　　且讓我用一段個人的告白來開場。有一份雜誌，每個月我都從頭到尾一字不漏地虔誠拜讀，雖然我沒辦法完全看懂，這份雜誌就是《科學的美國人》(Scientific American)。我極端迫切地使自己盡可能知道現代科學領域之中所發生的一切事物及其新發展，所以，對於科學，我的立場絕對不是否定的。

　　其次，我認為我們的確失去了某些東西，而且應該盡力嘗試以期能將之尋回。由於置身於當下這種世界，我們不得不生活於其間的這個世界，再加上那種我們不得不追隨的科學思考方式，我不敢肯定我們能否分毫無損地，好像從不曾失去似的找回這些已經失去的東西；但是，我們還是可以盡量地去瞭解它們的存在以及重要性。

　　第三點，我的感覺是：現代科學絲毫沒有趨於遠離這些已經失去的東西，相反的，將這些東西重新整合到科學的解釋範疇之中的嘗試，卻愈來愈多。在「科學」與我們姑且強名之為「神話思維」(雖然嚴格說來，這樣的詞彙並不恰當，但

爲了方便起見）的**這兩種思維途徑**[1] 之間，眞正的鴻溝與分判，產生於十七到十八世紀。在那培根（Bacon）、笛卡兒（Descartes）、牛頓（Newton）等大家輩出的時代裏，科學有必要運用與抱持神話思維及玄祕思想的老一輩相抗衡的態勢，來奠定自身的地位。當時的人認爲：唯有摒棄感官的世界，即我們可以看見、嗅著、嘗到並感知到的世界，科學才能存在；因爲感性的世界是一個虛幻的世界，而眞實的世界則是一個具有數學的性質的世界，這樣的世界僅能運用知性來把握，它與感官所提供的僞證絲毫不能相容。這樣的發展可能是必要的一步，因爲經驗顯示：經由這一場分離──也可以說是決裂──科學思想才得以自我確立。

如今，我的印象是（我當然不是以一個科學家的身分在說話──我不是物理學家，也不是生

---

1 此七字爲譯者依文意所加，以配合中文書寫之習慣。

物學家,也不是化學家)：當代科學正趨向於跨越
這條鴻溝，愈來愈多的感官資料被視爲一種有意
義、具有一定眞實性並且可以解釋的東西，而逐
步被整合到科學解釋的範圍之中。

以氣味的世界爲例，我們習慣性地認爲這是
個完全主觀的、外於科學世界的領域，然而時至
今日，化學家能夠告訴我們每種氣味、每種口味
都具有一定的化學成分，並且告訴我們：爲什麼
某些氣味和口味在我們主觀的感覺上具有相當的
共通性，而其他的一些氣味和口味則似乎千差萬
別。

再舉一個例子。在哲學的領域裏，自希臘時
代以降，直到十八乃至十九世紀(在相當程度上，
甚至可以說一直延續到今日)，一直盛行著關於數
學觀念之起源的討論，諸如線的觀念、圓的觀念、
三角形的觀念等。關於這個問題，有兩種最爲重
要的經典性理論：一者主張人類的心靈（mind）
猶如一張白紙(tabula rasa)，初時空無一物；之後
所具有的一切，均係由經驗的習染所致。比方說：

經由眼睛看到許多圓形的物體，儘管其中沒有任何一個是完美的圓形，我們還是能抽繹出圓的觀念。第二種經典性的理論肇始於柏拉圖（Plato），他認為圓形、三角形、線之類的觀念，是完美的、內在於心靈之中的，正因它們是人類心靈與生俱來的，我們才得以將它們「投影」（姑且這樣說）於外在的現實，儘管現實世界從未提供我們一個完美的圓或完美的三角形。

　　如今，當代關於視覺的神經生理學研究人員教導我們：視網膜的神經細胞以及視網膜之後的其他組織已經經過了特化發展，某些細胞僅對直線方向的形象敏感，一些專門於垂直方向，一些是水平方向，還有一些則專責於斜向，另有一些專門感知背景和中心物的關係等等，不一而足。我已經做了大大的簡化，因為要用英文來做解釋，對我而言實在太難了。所以經驗與心靈相對立的這整個問題，似乎在神經系統的結構上找到了解答，它並不是在心靈的結構上，也不在經驗之中，而是在心靈與經驗之間的神經系統是怎麼建立

的，它們如何使心靈和經驗連接起來。

　　或許有某種東西深深地潛藏在我的心靈之
中，使得我好像一直是如今人們所說的結構主義
者。我母親曾經告訴過我：在我差不多兩歲大，
當然也還不會閱讀的時候，就號稱自己其實是懂
得閱讀的，而當人家問我爲什麼的時候，我告訴
他們：當我看見商店招牌的時候，例如 boulanger
(麵包店)或 boucher(肉店)，我眞的看得懂一點。
因爲從形象上來看，這兩個字的寫法有明顯的相
同之處：boulanger 與 boucher 這兩個字的字頭，
都是「bou」。結構主義研究方法或許不比這個例
子高深到哪裏去，它的宗旨就是探求不變的事物，
或者說是從表面上歧異分疏的眾多事物當中，追
索出其不變的成分。

　　這樣子的研究，或許是我這一生中最重要的
志趣所在。在我孩提時期中有一段時間，地質學
成爲我主要的興趣，而地質學的問題，也一樣是
要盡可能地在地殼形貌的繁多分歧之中，領略出
恆定不易的成素，換言之，是要能夠將一塊地區

化約為數量有限的地質層次以及地質活動。到了
青少年時期，我把閒暇時間大半花在描繪歌劇裏
的服裝和舞臺布景，這裏頭的問題是完全一樣的
──嘗試用一種語言來表達，也就是說，用圖象
藝術與繪畫的語言，來表達某種同樣蘊含於音樂
與吟詠之中的東西；易言之，是要嘗試去了悟相
當複雜的一組符碼（音樂的符碼、文學的符碼、
藝術的符碼）所內含的恆常不變的屬性，問題就
在於發掘出這一切東西之中的共通點。可能有人
會說：這不過是個翻譯的問題罷了：將以一種語
言（若你喜歡的話，也可以說它是一種「符碼」，
但用「語言」這個詞就已經夠充分了）所表達出
來的東西，翻譯成另外一種語言的表述。

　　結構主義，或者任何打著這個招牌的東西，
都曾被認為是某種徹底新穎的、並且在當時是具
有革命性的事物；這一點，我認為恐怕是錯誤的。
首先，即便是在人文學科的領域裏，它也絕非什
麼新發明；我們可以輕而易舉地追溯出這種思想
的脈流，如何從文藝復興時期遞嬗至十九世紀，

並一路流衍至今。此外，另一個錯誤是：在語言學、人類學或這一類學科領域中，我們所指稱為結構主義的東西，其實正是對於所謂「硬底子科學」(hard sciences)（我想你們是這麼用英文來稱呼的）向來之所做所為的一種非常空洞且淆亂的模仿。

科學只有兩種行進途徑：不是歸納法，就是結構法。如果發現在某個層次上存在的相當複雜的現象，有可能化約為存在於另一個層次的、較為簡單的現象時，科學就會採行歸納法。舉例來說，有許多生命現象可以被化約為有機化學(physicochemical)的反應，這些反應可以解釋生命現象的一部分，但非全部。而且，當我們所面臨到的現象過於複雜，而無法化約為較低層次的現象之時，我們就只好去探索它們彼此之間的關係，也就是說，經由盡力去了解它們所構成的究竟是怎樣的一個獨創的系統，以謀求逐漸理解這整組複雜的現象，這就是我們向來在語言學、人類學及其他許多不同的領域之中所致力進行的工

作。

　　大自然所能運用的手法（爲了便於申論，我姑且將大自然擬人化），其數量是有一定限度的，而且，她在某個實存層面上變過的花樣，必然會在另一個層面上再現，此話絕非誑語。基因的符碼是一個極佳的範例；一如眾所周知的，當生物學家和基因遺傳學家發覺難以描述他們的發現之時，他們只好借用語言學的字、詞、聲韻、標點符號等等詞彙來說明他們的發現。我絕無意說這兩個是同樣的東西，它們當然不一樣，但是這個例子足以證明發生於任何兩個不同實存層面之間的問題。

　　嘗試將文化（用我們人類學圈裏的行話來講）化約爲天性（nature）的作法，與我的本意是大相逕庭的；話雖如此，但我們在文化層面上所目睹的一切，從一種形式的觀點來看（我絕不是說就實質的觀點來看），都是形態相同的現象，因此，縱然文化所陶鑄的心靈要比較複雜得多，也需要參酌更多的變項，這是理所當然的，但是，我們

至少可以將同樣的問題，歸根溯源到我們可以在天性的層次上觀察得到的心靈。

　　我並不打算建構出一套哲學，或者講出一套理論。打從我還是個小孩子的時候，我就曾困擾於……就叫它「不理性的事物」吧，還曾經嘗試去發掘對於我們呈現為一團混亂無序的事物背後的某種秩序。我變成人類學者，純粹是機緣湊巧所致，事實上，並不是因為我對人類學有興趣，而是因為我想躲開哲學。同樣機緣湊巧的是：在當時法國學院的架構底下，大學並不把人類學當成一門獨立的學術領域來教授，所以才有可能讓一個受哲學訓練並以教哲學為業的人竄逃到人類學的領域裏去。我溜到了那裏，並且馬上撞見一個難題──這個世界上有一大堆看起來毫無意義的婚姻規則，更討人厭的是：如果它們真的沒有任何意義的話，那各民族的規則就應該會各不相同才對，但是，事實上這些規則的數量卻或多或少是有限的。因此，倘若我們發現同樣一種荒謬的情況一次又一次地出現，這種情況就不會是徹

底荒謬的，否則它就不會反覆出現。

　　這就是我的第一個取向——嘗試去發現隱藏在表面上的無秩序背後的一種秩序。然而，同樣也是機緣巧合而絕無任何預設目的，當我著手研究親屬體系與婚姻規則之後，我注意力的焦點便轉移到了神話學，但是我的問題絲毫沒有改變。神話故事是（或說看起來像是）任意杜撰的、無意義的、荒誕不經的，照理說，發生在某個地方的一個「幻想的」心靈創作，應當是獨一無二的，你應該不會在完全不同地方發現一模一樣的創作，然而，實際上它們卻似乎在世界各地一再出現。因此，我不過就是意圖嘗試去廓清「在這種顯然的無秩序的背後，究竟是否存在著某種秩序？」這個問題而已，我也並未宣稱這樣的嘗試一定會導出某種結論。

　　我認為：「沒有秩序的意義」是絕對無法想像的。在語意學裏有件很詭異的事情，那就是：「意義」（meaning）這個字很可能是整套語言裏面，其意義最難以尋獲的一個詞。「意思是」（to mean）

究竟是什麼意思？我覺得我們可以給的唯一答案，似乎是：「意思是」代表一種能把任何資料翻譯成另外一種語言的能力。所謂翻譯成另外一種語言，我並不是指法文或德文而言，而是在不同層次上用別的文字重新說出來。畢竟，我們期望字典所能給予我們的，不過就是這樣的翻譯——以另外一些字來說明某個字的意思，而那些用在稍微不同層面的其他的字，就是你想要了解的那個字或表達方式的同源衍生字（isomorphic）。現在，回過頭來講，如果沒有規則的話，翻譯會變成什麼模樣呢？它將會變得絕對無法理解，因為你不能用其他的字來取代任何一個字，也不能用其他的句子來取代任何一個句子，所以你必須要有翻譯的規則。講「規則」和講「意義」，說的其實是同一回事；而且，如果我們考察一下人類所有的、在世界上任何地方有留下記錄的知識活動，就會發現其共通點，總是離不開引介某種形式的秩序。假若這個事實表明了人類心靈之中存有著一種對於秩序的基本需求，而且，既然人類心靈

畢竟是宇宙的一個部份，那麼，這種需求的存在，就可能是因為這個宇宙之中存在著某種秩序，而且這個宇宙並不是一團混沌。

我在此一直想要表明的是：在「科學的思維」，與我一向稱之為「具體事物的邏輯（the logic of the concrete）」——也就是對於感官所得之資料（相對立於意象和符號等等之類的東西）的尊重與運用——之間，曾經有過一次絕裂，一次必要的絕裂，而我們目前正見證著這場絕裂可能終將被克服或扭轉的時刻，因為現代科學似乎已經能夠不只循著其本身一貫的路線前進——雖是不斷向前推進，但卻局限於相同的一條狹隘的路徑上——而且同時還能拓寬其進路，將許許多多以往存而不論的問題重新包容進來。

從這一點來看，我恐怕難逃被扣上「科學主義者」的帽子，或是「相信科學能夠徹底解決一切問題的科學盲信者」之類的批判。沒錯，我當然不相信那些，因為我根本無法想像科學會有完美無缺、大功告成的一天。我認為永遠都會有新

的問題產生，而且剛好就和科學能夠解決問題
——那些在十多年前或一個世紀以前還被認定爲
哲學問題——的步伐一樣快，所以，屆時必將有
自古至今從來不曾被想到過的新問題出現。更有
甚者，在科學所能給予我們的答案和這個答案所
引出的新問題之間，還總是橫亙著一條鴻溝。所
以我不是那種意義上的「科學主義者」。科學永遠
不能給我們所有的答案，我們所能盡力去做的，
就是非常緩慢地增進我們所能給出的答案的數量
和品質，而要達到此一目標，我認爲捨科學之外
別無他途。

「原始的」思維與「文明的」心靈
第　　　　2　　　　章

　　對於我們通常誤稱爲「原始的」民族的思維
方式（我認爲應該稱他們爲「沒有文字的」民族，
因爲這是他們與我們之間眞正的分歧之處），曾經
有兩種不同的詮釋途徑。依我看，這兩種詮釋都
是錯誤的。第一種看法認爲：這種思維多少具有
比較粗糙的性質，若要在當代人類學中尋找持這
種立場的範例，人們不假思索就會馬上想到馬凌
諾斯基 (Malinowski) 的作品。在此我必須要先聲
明：我對於他懷著最崇高的敬意，並認爲他是一
位非常偉大的人類學家，我也絕無分毫詆毀他的
貢獻的意思。儘管如此，我還是不能不說，讀馬
凌諾斯基的感覺是：他所研究的民族的思維，以
及總的來說，一切被當成人類學研究對象的沒有
文字的民族的思維，過去──或者說現在──完
全是受生活的基本需求所決定的。準此以觀，如
果你認識到某一個民族，不管他們是哪一個民族，
是被尋找口糧、滿足性衝動等赤裸裸的生活所需
所決定的，那麼你就可以解釋他們的社會制度、
信仰、神話等等。這種在人類學界廣爲流傳的觀

念，一般名之曰功能論。

　　另一種看法並不那麼強烈地認為他們所擁有的是一種較次等的思維，而是一種根本上完全相左的思維形式，列維—布留 (Levy-Bruhl) 的作品就體現了這種看法。他認為：「原始的」思維 (我一向把「原始的」〔primitive〕這個詞加上引號) 與現代的思維之間的根本歧異，在於前者完全受情緒與神祕的表象所支配。一方是馬凌諾斯基所抱持的一種現實功利的概念，另一方則主張一種情緒性的或情感性的概念；而我所強調的是：沒有文字的民族的思維，事實上一方面是——或者說在許多的場合中可能是——無關乎利害的 (這是我與馬凌諾斯基不同之處)，在另一方面，也是思辯性的 (這點上我又與列維—布留爾的意見相左)。

　　舉例來說，在《圖騰主義》(Totemism) 及《野蠻的心靈》[1] (The Savage Mind) 兩書中，我所想

---

1 中譯本譯為《野性的思維》(李幼蒸譯，台北：聯經出版，1989 年)。

要揭示的是：我們通常認爲是完全臣服於免於饑餓的需求、僅能求得在非常惡劣的物質條件下苟延殘喘的這些民族，其實完全有能力進行與利害無涉的思考；也就是說，他們的確爲一種了解他們所身處的世界、這個世界的本質以及他們的社會的需求或欲望所鼓動。另一方面，爲了達成上述的目的，他們會以思辨的方法來推進，完全無異於一個哲學家，或甚至在相當程度上近似於一個科學家所能夠做而且會做的。

這就是我的基本假說。

現在我要擊碎一種誤解：說某種思維方式是無關乎切身利害的，而且是一種思辨性的思維方法，絕不表示它就等同於科學的思維。當然，一方面它終究與科學的思維不同，另方面它終究遜於科學的思維。它之不同，在於它的目的是要以盡可能簡便的手段來達致對整個宇宙的總括性的理解——不只是總括性的 (general)，更是一種整全的 (total) 理解。也就是說，它是一種必然意味著「如果你不了解一切，就不能解釋任何東西」

的思維方式，這與科學的思維是徹底相牴觸的。科學是一步一步前進的，先嘗試對極其有限的現象提出解釋，再擴展到其他種類的現象等等，正如笛卡兒的名言：科學思維的鵠的，在於依照解決某個難題之必要，將整個難題切割成許多可能一一解決的小部分。

所以，野蠻的心靈的這種「一舉而窮宇宙萬理」[2] 的野心，迥然不同於科學思維的程序。兩者之間的最大差別，當然是在於這種野心沒能成功。運用科學的思維，使我們能夠成功地駕御自然——這個事實已經足夠明確，毋需我多所贅言，而神話卻無法給人更多物質性的力量以克服環境。不過，極其重要的一點是：神話給人一種「他有可能了解宇宙萬物」以及「他**的確**了解宇宙萬物」的幻覺。當然，這只是一種幻覺。

---

2 此處原文為「…this totalitarian ambition of the savage mind …」，若從字面硬譯之，恐讀者不易理解，故譯者參照中文習慣意譯之。

　　話雖如此，我們卻應該注意到：身為科學的
思維者的我們，只用到了我們的精神力量中非常
有限的一部分。我們所運用到的部分，僅係足以
應付我們的行業、商務，或者於某一特定時刻身
涉其間的特殊情境的需求而已。所以，倘若某人
花了二十年或更長的時間浸淫於神話或親屬體系
的運作方式之中，他就用到了他精神力量中與這
些事物有關的部分。但是，我們不能要求所有的
人都對完全相同的事物感興趣，所以，我們每個
人都使用了我們精神力量中的一定部分，以濟生
活之所需，或投注於興趣之所向。

　　如今我們比較少運用到精神力量，但我們所
運用到的精神力量的範圍卻比以前要大；而且這
些精神力量的性質也與過去不同。舉例來說，我
們運用感官知覺的程度就減少了非常多。當我在
寫《神話邏輯學》(*Mythologiques*)[3]（一種神話科

---

[3] 中譯本譯為《神話學》，全書分為四卷：《生食與熟食》、《從
蜂蜜到煙灰》、《餐桌禮儀的起源》、《裸人》（周昌忠譯，台
北：時報文化，1992-2000 年）。

學的導論〔Introduction to a Science of Mythology〕）的第一版時，我碰上了一個令我覺得極為神祕的問題：有某個部族似乎能夠在大白天看見水星，我覺得這是絕對不可能且無法置信的。我拿了這個問題請教天文學家，他們告訴我：我們當然看不到，但是話說回來，如果我們知道水星在大白天時所發出的光度，那麼，某些人能夠看得到，並不是絕對無法想像的事。後來，我查閱屬於我們自己的文明的古代關於航海的條約，結果發現：古代的水手似乎完全可以在大白天看見星星，如果我們的雙眼受過訓練，也許我們還是可以做到。

　　我們關於植物或動物的知識也是一樣，沒有文字的民族對於動植物的環境和它們所有的來源都擁有神奇般精確的知識，我們則已失去了這一切。但是，我們並沒有平白丟掉，換來的是：比如說，我們現在能夠駕駛汽車而沒有隨時被撞之虞，或者在晚上打開我們的電視或收音機。這些都意味著某種「原始」民族所沒有的心靈能力的

訓練，因為他們並不需要這些。我覺得，以他們所擁有的潛力，他們的確可以改變他們的心靈的性質，可是對他們的生活方式以及他們與自然界的關係來說，這樣的改變並無必要。你不可能一下子就把人類所有的精神力量都發展起來，你只能用其中的一小部分，而這個部分視文化的不同而有所不同，就是如此而已。

儘管各個人類群落彼此之間有多少文化上的歧異，但是一切人類的心靈都是一模一樣的，也都具有同等的能力，這可能是人類學研究的諸多定論之一，我想也已經是世人所普遍接受的命題。

我不認為各民族的文化曾經系統性地或按部就班地努力將自己與其他的文化分同別異。事實是：在之前的數十萬年間，地球上的人類數量一直不多；許多小群落在彼此隔絕中獨自過活，所以他們自然而然地個別發展出本身的特色而變得各不相同。這絕不是有意造成的，純粹是長時間的環境條件所造成的結果。

在這裏，我希望你不要認為這樣的情況本身

是有害的，或者這些差異應該要被破除。事實上，
差異是充滿生機的，唯有通過差異，才能有所進
步。當前真正威脅我們的，可能是我們可稱之爲
過度交流（over-communication）的趨勢——意
即：站在世界的某一點上，卻可以精確地知道全
世界各地的現況的趨勢。一個文化若要能活出真
正的自我並創生出一些東西，這個文化和它的成
員必須堅信自身的原創性，甚至在一定的程度上，
相信自己優於其他的人類；只有在低度交流
（under-communication）的條件下，它才能創造出
一點東西。我們現在正受著一種可預見的情勢的
威脅：我們變得只是一群消費者，能夠消費全世
界任何地點、任何一個文化所生產出來的任何東
西，而失去了一切的原創性。

　　如今，我們可以很容易地想像：將會有那麼
一天，整個地球表面上只有一種文化與一種文明。
但我不相信這樣的情況會發生，因爲總是有相互
矛盾的趨勢在發揮作用——此方趨向同質化，而
彼方則趨向新的分殊。一個文明愈趨向同質化，

其自身內部的差異就變得愈清晰；在一個層面上
所得到的，旋即便在另一個層面上失去。這是我
個人私下的感受，我並沒有清楚的依據能證明這
種辯證的運作，但我真的看不出來人類有可能在
沒有內部分歧的狀態下生活。

　　現在讓我們來看來自加拿大西部的一則關於
魟魚試圖駕御或支配南風並終於成功的神話。這
是一個早在人類出現在大地上以前，也就是說，
在人類與動物還未真正的分家以前就發生了的故
事。當時，一切的生物都是半人半獸，並且都深
為暴風所苦，因為暴風，特別是惡風，無時不刻
地在颳著，使他們不能抓魚或者到海邊揀貝殼。
於是，他們決定必須要與暴風對抗，迫使他們安
分一點。於是，幾個人似的動物和幾個動物似的
人組成了一個義勇隊，魟魚也是其中一員，並在
逮獲南風的過程中立下了大功。南風做了如下的
保證：「此後不再一直吹個不停，只偶爾吹吹，或
者集中在一段固定的時間吹」之後，大夥才把他

給放了。從此以後，只有在每年之中一段固定的時期，或者每兩天之中的一天，才會颳起南風；人類可以在其他的時間完成他們的工作。

這個故事當然不曾發生過，但我們必須要做的，不是按下「這是徹底的胡說八道」，或者「這只是一個處於某種妄想狀態中的心靈所編造的幻覺」之類膚淺的評斷來自我滿足就夠了，我們必須要認真的看待它，並且問自己：為什麼挑上魟魚？又為什麼是南風？

當你非常細心、一字不漏地閱讀神話材料時，你會發現魟魚的行止係緊密地扣合於其特徵，這個特徵包括兩方面：第一，它與所有的扁型魚一樣，都有著平滑的腹部和粗糙的背部。第二項特徵，是使魟魚能在不得不與其他動物對抗時，能夠非常成功地脫逃的關鍵：從上面或下面來看，魟魚的體型都非常巨大，但從側面來看卻只是薄薄的一片。它的敵手可能會認為：因為它是如此巨大，所以用弓箭射死一隻魟魚應是易如反掌的；然而，一旦用箭瞄準它的時候，魟魚能夠倏然轉

身或閃躲，只露出它的側面——這一來當然就極
難瞄準——隨即逃逸無蹤。所以，挑上魟魚的理
由是：不管從那個觀點來考慮，它都是一種只能
給出（姑且用控制學〔cybernetics〕的辭彙來講）
「是」或「否」這樣簡單明瞭的答案的動物，它能
夠表現兩種截然不相連續的狀態：一個肯定，一
個否定。將魟魚放在這個神話裏面的作用，就好
像是現在的電腦裏的元件（儘管我當然也不想把
譬喻扯得太遠，但還是只能這麼說），通過堆疊出
一系列「是」或「否」這樣簡明的答案，它就能
用來解決極困難的問題。

　　儘管從經驗的觀點來看，「一條魟魚能夠對抗
風」顯然是錯誤的、不可能的；但從邏輯的觀點
來看，我們卻能夠理解：為何從經驗之中移借過
來的**意象**可以這樣運用。這就是神話思維的原創
性，它實際上扮演了概念性思維的角色。一種動
物如果具有我名之曰「二元切轉器」（binary opera-
tor）的特性，從邏輯的觀點來看，就可以跟一個
二元性的問題有所關聯。如果南風一年到頭吹個

不停，人類就沒辦法生活下去，但是如果它在每
兩天裏只颳一天——一天「是」，一天「否」等等，
那麼，在人類的需求與自然界的普遍狀態條件之
間，就可能達到一種妥協。

　　因此，從邏輯的觀點來看，在虹魚這樣的動
物與這個神話所意圖解決的問題之間，有著某種
親近性。從科學的觀點來看，這個故事不是真的，
但是，直到控制學與電腦已經在科學的世界裏存
在，並給予我們一種對於二元切轉操作（binary
operation）的理解之後，我們方能了解這則神話的
寓意，然而，神話的思維卻早已藉由具體的事物，
以極為不同的方式運用了這個意念。所以，在神
話學與科學之間並沒有真正的絕裂，只不過科學
思維目前的進展狀態，給了我們理解這則神話之
寓意的能力，在我們熟悉二元切轉操作的觀念以
前，對於這則神話，我們只能應之以一片茫然。

　　接下來要說的是：我不希望你們認為我正在
把科學的解釋與神話學的解釋拉到同樣的立足點
上。我所想說的是：科學的解釋之偉大與優越，

不僅體現於科學在實踐上與知識上的成就，還在
於我們將會得到愈來愈多見證的這項事實：科學
正在變得不僅能解釋它自身的有效性，還能解釋
存在於神話思維中，具一定程度的眞確性的事物。
重點在於：我們對於質的層面，正產生日益濃厚
的興趣，而在十七到十八世紀期間純粹只有量的
視野的科學，也已經開始將眞實（reality）的質的
層面整合進來，這無疑將幫助我們理解許多表現
於神話思維中，而在過去常被我們斥爲荒謬無稽
的東西。同時，這個趨勢將引導我們去相信：在
生命與思維之間，其實並不像十七世紀哲學的二
元論所認爲理所當然的那樣，存在著一條絕對無
法跨越的鴻溝。如果我們被引致這樣的信念：「在
我們心靈中所發生的事，與基本的生命現象本身，
並無實質性的或根本性的不同」，如果我們再進一
步被引致「在其他所有生物（不只是動物，還包
括植物）與人類之間，並沒有不能克服的鴻溝」
這樣的體會的話，我們也許就會參悟到遠超過我
們所能臆想得到的更豐富的智慧。

兎唇與雙胞胎

一宗分裂的神話

第 3 章

　　這章的開場白，是一位西班牙傳敎士阿里阿嘉（P. J. de Arriaga）神父，於十六世紀末在祕魯所記錄的一段令人費解的觀察，這段材料刊載在他的《根絕祕魯的偶像崇拜》（*Extirpacion de la Idolatria del Peru*）（Lima 1621）一書中。他提到：當時的祕魯，某個地方的神職人員在某次特別酷寒的時節，將當地居民中凡是出生時是腳先出娘胎的、兔唇的，還有雙胞胎的，統統都叫過來，指控他們是造成嚴寒的罪魁禍首，據說他們被迫吃下了鹽和胡椒，又被迫令悔過和招認其罪孽。

　　好，接下來講。雙胞胎與節氣失序有關聯的想法，在全世界各地都非常普遍地爲人所接受，包括加拿大在內。可是如眾所周知的：在英屬哥倫比亞的海岸地帶的印第安人之中，雙胞胎卻被賦與了帶來好天氣、驅走暴風雨等等之類的特異功能，不過，這不在我所想要考慮的問題之內。讓我感到驚訝的是：所有的神話學家——例如曾經幾次引述阿里阿嘉的作品的詹姆士·弗雷澤爵士（Sir James Frazer）——都不曾問過這個問題：

「為什麼有兔唇的人和雙胞胎會被認為在某方面
是相同的?」我認為問題的癥結似乎在於找出: 為
什麼是兔唇? 為什麼是雙胞胎? 又為什麼將兔唇
和雙胞胎湊在一塊兒?

　　正如有些時候會發生的狀況一樣, 為了解決
這個問題, 我們必須從南美洲跳到北美洲, 因為
一則北美洲的神話將會給予我們解開一則南美洲
神話的線索。許多人曾抨擊我的這種做法, 他們
認為某族群的神話只能在該族群本身的文化框架
內來詮釋、理解。藉著回應這類反對意見之便,
我想說明幾點看法。

　　首先, 在哥倫布到達之前的美洲的人口遠遠
多於我們以往的猜測, 我認為這一事實是相當明
確的, 近年來所謂的柏克萊學派(Berkeley school)
也證實了這一點。既然其人口如此眾多, 顯然這
些眾多的人口會有相當程度的相互接觸, 而信仰、
習慣和風俗, 容我大膽的說, 定會廣為流布。任
何一群人都會知道其鄰近的群體所發生的狀況到
相當的程度。第二點, 就眼前我們所考慮的這個

案子來說，這些神話並不是分別在祕魯和加拿大相互隔絕地存在，相反的，在這兩地之間，我們一再地發現到相同的神話的存在。它們事實上是泛美洲的神話，而不是疏隔零散地分布在這個大陸上不同地區的神話。

　　好，言歸正傳。在圖皮納姆巴(Tupinambas)族（在歐洲人發現新大陸時早已世居於巴西濱海地區的印第安人）以及祕魯的印第安人之中，都有這樣一則神話：一個很猥瑣的男人用一種邪惡的手法成功地誘騙了一個女人。這則神話最廣為人知的版本，是由法國僧侶安德烈‧塞維特(André Thevet)於十六世紀所作的記錄，該版本說道：這個被誘騙失身的女人生下了雙胞胎，其中的一胎得之於她合法的丈夫，另一胎則來自那個計誘她的騙子。那個女人原本是要去拜見將會成為她的丈夫的一個神，當她走在半路上，那名騙子出來糾纏，使她誤信他就是那尊神；於是，她就懷了那騙子的孩子。後來她發現了她合法的未婚夫，她就又懷了他的孩子，結果生下了雙胞

胎。由於這對假的雙胞胎其實來自不同的父親，他們有著正好相反的特徵：一個是英勇的，另一個則是怯懦的；一個是印第安人的保衞者，另一個則是白人的狗腿子；一個給印第安人帶來好處，相反的，另一個則帶來了一大堆不幸事件。

在北美洲，我們碰巧可以發現到一模一樣的神話，特別是在美國與加拿大的西北隅。然而，與南美洲的版本相比對，來自加拿大地區的說法顯現出了兩點重要的差異。例如居住於洛磯山脈的庫特尼(Kootenay)族，以生下雙胞胎爲結局的故事只有一則，後來這對雙胞胎中一個成爲太陽，另一個成爲月亮。此外，一些居住於英屬哥倫比亞的賽里（Salish）語系印第安人，例如湯普森印第安人（Thompson Indians）和歐卡那岡(Okanagan)族，則傳說一對姊妹被顯然不同的兩人所分別誘騙，結果她們分別生下了一個孩子；這兩個孩子不是眞的雙胞胎，因爲他們並非一母所生，但旣然他們是在一模一樣的環境下出生的，至少就道德上和心理上的觀點來看，他們在相當

程度上近似於雙胞胎。

從我努力想要表明的觀點來看，這幾個版本是比較重要的。賽里語系的版本削弱了男主角的雙生子性格，因爲這對「雙胞胎」不是親兄弟——他們是表兄弟，只不過他們出生的環境極爲相近——都是生於一場拐騙。儘管如此，其根本的意含卻仍然完全相同，因爲在所有的版本中，這兩位男主角都不是眞正的雙胞胎；他們都是由截然不同的父親所生，即便在南美洲的版本中亦然，而且這兩個父親具有相反的性格，這項特徵將會通過他們的舉止以及其後裔的行爲表現出來。

因此，我們或許可以說：在所有的案例中，凡是被人說成是或者相信是雙胞胎的小孩（如庫特尼族的版本），後來都會有不同的遭遇，而這日後遭遇的不同，我姑且這麼說，將會拆散他們的雙胞胎關係。而且，將一開始時被視爲雙胞胎（不論是眞的雙胞胎或近似於雙胞胎）的兩人析離爲兩個個體，是出自南美洲和北美洲的各種神話版本的基本性格。

　　在這則神話的賽里語系版本中，有一個令人十分好奇而且重要的細節。你可記得：在這個版本中沒有任何雙胞胎存在，因爲是兩個姊妹分別出外去尋找自己的丈夫。先是一位老祖母告訴她們可以憑藉如何如何的特徵認出各自的丈夫，然後她們分別被半路上遇見的騙子矇騙，而相信那登徒子就是自己應以身相許的良人。她們與騙徒春宵一度之後，後來分別產下一男。

　　在騙徒的小茅蓬裏渡過了不幸失身的一夜之後，姊姊丟下了妹妹去見她的老祖母——她是一頭山羊，也是某種的魔法師；因爲她預知了她孫女的到來，並差遣野兔到路上歡迎她。野兔躲在斷落在路當中的一根木頭底下，正當那女孩抬起腿要跨過木頭的時候，這隻野兔便看見了她的私處，還開了一個很不適當的玩笑。這女孩極爲光火，抄起手中的棒子就打，結果把野兔的鼻子給打裂成兩半，這就是至今所有野兔家族的動物的鼻子與上唇都裂成兩半的原因。而具有這種特徵的人類被稱爲「兔唇」，正是導源於兔類動物這種

構造上的特徵。

　　換句話說，那個姊姊開始打裂動物的肢體，如果這個打裂的行動，不是在打裂了鼻子之後就停止，而是繼續下去，擴延到全身和尾巴的話，她將會把一個個體變成雙胞胎，也就是說，兩個極為相似或相同的個體，因為他們均為整體的一部分。從這個角度來看，去發掘全美洲的印第安人心目中關於雙胞胎之起源的觀念，就成為非常重要的事。而我們發現到美洲印第安人普遍相信：雙胞胎是母體內會逐漸凝固而變成小孩的液體的一種內在分裂的結果。舉例來說，一些北美洲的印第安人禁止孕婦在躺著睡覺時很快地翻身，因為若是如此，她體內的液體就會分成兩半，就會生出雙胞胎來。

　　在此還須提及一個溫哥華島上的瓜求圖（Kwakiutl）印第安人的神話。這個神話說的是一個小女孩，因為她生了兔唇，所以每個人都討厭她。後來，出現了一個歐格雷斯（ogress）──超自然的吃人女妖──拐跑了所有的孩子，包括那

個兔唇的小女孩。女妖把孩子們通通裝進她的籃
子裏，好帶回家去吃，那個兔唇的小女孩是第一
個被裝進籃子裏的，當然也就被壓在最底下。結
果，小女孩成功地用一個她在海灘上拾的貝殼割
破了籃子。因為籃子是被背在歐格雷斯的背上，
於是這女孩才得以第一個掙脫逃跑。她是**先用腳**
掙脫的。

這個兔唇的小女孩的姿勢，與我之前提到的
那個神話中的野兔的姿勢，是相當平行的：當牠
躲在橫阻於女主角所經路上的木頭底下時，牠蜷
伏在女主角底下，牠與她的這種相對姿勢，看起
來就像牠是她所生出來的，而且是腳先出娘胎的
姿勢。因此，在這一切的神話之中，我們都可以
看到一種固定的關係，將「雙胞胎」與「分娩時
腳先出娘胎」或其他相同的姿勢（從隱喻的角度
來講）聯結在一起。這樣，就明白地廓清了我們
在一開頭所講的阿里阿嘉神父的祕魯經驗之中，
雙胞胎、出生時腳先出娘胎的人，以及兔唇的人
這三者之間的聯結關係。

　　「兔唇被認爲是一種雙胞胎的原初形態」這
項事實，可以協助我們解決一個相當根本的問題，
這個問題對於專門研究加拿大的人類學家尤爲重
要：歐吉布瓦印第安人（Ojibwa Indians）和其他
屬於奧貢克語系（Algonkian-speaking family）的
群體，爲什麼選擇野兔做爲他們所信奉的最高神
祇？歷來已經有人提過幾種解釋：野兔在他們的
食品之中，若不說是核心，至少也是一個重要的
部分；野兔跑得飛快，這是印第安人應有的德性
之中的一個範例等等，沒有一個是足夠令人信服
的。但是，倘若我之前的詮釋正確的話，那麼這
樣講似乎要可信得多：一、在整個齧齒類動物的
家族中，野兔是體型比較大、比較引人注目、也
比較重要的，所以牠可以被舉爲齧齒類動物的代
表；二、所有的齧齒類動物都表現出一種使牠們
被當成雙胞胎原初形態的肢體特徵，因爲牠們的
身體都有部分是裂開的。

　　在神話中，每當母親的子宮裏有一對雙胞胎
或甚至更多小孩的時候，通常都會隨之產生非常

嚴重的後果，因為即使是只有兩個，孩子們還是
會為了搞清楚誰將享有第一個出世的尊榮而開始
打鬧不休。而且，其中一個比較壞的免不了想抄
捷徑（姑且這麼說）以求早一點出世；結果，他
不遵循自然的途徑，扯開母親的身體就跑了出來。

　　我想，這是關於「腳先出娘胎」為什麼被等
同於雙胞胎的一個解釋，因為在雙胞胎的案例裏，
其中一個孩子的急躁，將使他毀掉母親，以求能
成為先出世者。雙胞胎與胎位顛倒（腳下頭上）
都預示了難產，或者我甚至可以稱之為英雄的出
世，因為這孩子將奪得主動地位並成為某種的英
雄──在部分案例中是殺人的英雄；但是他打完
了一場非常重要的勝仗。這就可以解釋為何某些
部落要將雙胞胎和腳先出娘胎的孩子殺掉。

　　真正重點是：在所有的美洲神話中，我可以
說在全世界的神話中，我們都可以見到神祇和超
自然的人物，扮演著上界的權力與下界的人類之
間的中介角色。他們可以用諸多不同的方式出現：
例如像一位彌賽亞（救世主）之類的角色，或是

天界的雙胞胎。此外，我們可以看到：在奧貢克
的神話中，野兔的地位正好處於彌賽亞——一位
獨一無二的中介者——與天界的雙胞胎之間。他
不是雙胞胎，但他是始初形態的雙胞胎。他還是
一個完整的個體，但他有兔唇，他處於變成雙胞
胎過程的半途。

　　這可以解釋：在這則神話中，身為神祇的野
兔，為什麼有著讓評論家和人類學家傷透腦筋的
曖昧難明的性格：他有時候是一位非常聰明的神
祇，負責維繫整個宇宙的秩序，有時候卻是滑稽
的丑角，蠢事接連不斷。同時，如果我們將奧貢
克印第安人挑選野兔的因素，解釋為：野兔是一
個介乎兩種狀態之間——（a）一位造福人類的單
一神祇和（b）雙胞胎，前者是好的，後者是壞的
——的個體，我們也就能最適切地理解他的性格。
因為兔子尚未完全分離成兩個，還沒有成為雙胞
胎，所以兩種相反的性格就可能仍舊糾結在同一
個人的身上。

當神話變成了歷史

第 4 章

　　這個題目對神話學家提出了兩個問題。一個是非常重要的理論性問題。當我們審視南、北美洲以及世界上其他地區已經出版的神話材料時，會發現這些神話的材料有兩種截然不同的體裁。有時候，人類學家所蒐集的神話，且容我這麼說，看起來實在頗像是一堆斷簡殘編；片斷失聯的故事被一個接一個擺在一起，其間沒有任何清楚的關係。又有些時候，好比說哥倫比亞的佛沛斯（Vaupés）地區，我們卻能得到非常首尾一貫的神話故事，整個故事以相當合乎邏輯的秩序被分成一個接一個的章節。

　　於是我們就產生了這樣的問題：「彙編」（collection）究竟是什麼意思？它可以指涉兩種不同的東西。比如說，它可以表示首尾一貫的秩序，如某種傳奇小說，才是神話故事的始初狀態。所以每當我們發現如斷離的零件似的神話時，它必是衰敗與解體過程的結果；我們只能找到以前的那個有意義的整體之破碎的殘片。或者，我們可以假定不連貫的狀態才是神話古始的原形，後來

才被土著的智者與哲人編纂成帙，而這樣的智者與哲人並非處處存在，只有某些特定形態的社會才能產生。舉例言之，我們基督教的《聖經》就有著完全一樣的問題，因爲其原始材料是不相連貫的物件，似乎是後來才由有學問的哲人將之連綴起來，成爲一個連貫的故事。在人類學家所研究的無文字的民族之中的狀況，究竟與基督教《聖經》的狀況相同，還是截然相異？廓清這個問題是極爲重要的。

　　第二個問題比較實際，但仍然是理論性的問題。在以往，就說十九世紀晚期和二十世紀初吧，絕大部分神話學的材料是人類學家所蒐集的，也就是由外來者所蒐集的。當然，其中有許多案例，特別是在加拿大，他們都有當地人做爲其合作夥伴。舉例言之，且讓我援引法蘭茲・鮑亞士（Franz Boas）的例子：他有一位瓜求圖（Kwakiutl）族的助理喬治・杭特（George Hunt）（事實上，他並不是瓜求圖族人，他的父親是蘇格蘭人，母親是特林吉特〔Tlingit〕族人，但杭特是在瓜求圖族中

教養成人、結婚，並且完全認同了這個文化）。而
在金襄（Tsimshian）族方面，鮑亞士得到一位識
字的金襄族人亨利·泰特（Henry Tate）之助，而
馬琉斯·巴比奧（Marius Barbeau）也得到了一位
識字的金襄族人威廉·班勇（William Benyon）之
助。所以打從一開始，獲得土著的合作就已是確
定的事實，然而話雖如此，杭特、泰特和班勇畢
竟都還是在人類學家的指導之下做事，也就是說，
他們自己本身變成了人類學家。他們當然知道最
好的傳奇故事、他們本身氏族和宗族的傳說，但
他們免不了也有興趣蒐集來自其他家族、氏族之
類的資料。

　　當我們審視卷帙浩繁的印第安神話，例如鮑
亞士與泰特合著的《金襄神話》（Tsimshian Mythol-
ogy），或者由杭特所蒐集，鮑亞士編纂、出版與翻
譯的瓜求圖文獻，我們就會發現其資料的組織方
式多多少少是相同的。好比說，一開頭先是關於
宇宙論與天地創造論的神話，然後經過千迴百轉，
最後擺上可以說是傳奇故事與家族史。而這樣的

組織是由人類學家所引薦的。

　　這項由人類學家所開啓的工作，於不經意之間，如今已經由印第安人自己爲了不同的目標而擔負了起來，例如爲了讓印第安的孩子們可以在小學裏學到自己民族的語言與神話，我了解這是當前的一項重要的工作。另外一項目標，則是以傳統神話故事爲依據，去向白種人爭取政治和領土等權益。

　　所以廓清下列這兩個問題，實至關重要。即由外界蒐集的傳說與由內部蒐集的傳說（儘管它看上去像是由外界所蒐集的）兩者之間是否有差別？倘若確有差別，其差別究竟爲何？我必須要說加拿大在這方面是很幸運的，因爲關於其本身的神話與傳奇故事的書籍，都已經由印第安人自己的專業人士組織出版了。這項工作開始甚早：有一本寶林‧強森（Pauline Johnson）所著的《溫哥華傳奇》（Legends of Vancouver），於第一次世界大戰前便已發行。後來又有了馬琉斯‧巴比奧的幾本書，當然，他不是印第安人，但是他確實盡

了力蒐集歷史和準歷史的材料，並努力將自己變成他的印第安報導人的發言人；可以說，他提出了關於那些神話的一套自己的版本。

更有趣的、有趣得多的，是像一九六二年出版於齊蒂馬（Kitimat）的《美帝克人》（*Men of Medeek*）這樣的書，這本書據信是依據一位統轄史基納（Skeena）河流域中部的金襄族酋長，華爾特·芮特酋長（Chief Walter Wright）的口述逐字記錄而成，但是由一位稱不上專業的白人田野工作者所蒐集的。而更為重要的一本，則是由肯尼迪·哈里斯酋長（Chief Kenneth Harris）所作並於一九七四年自費出版的近著。哈里斯也是一位金襄族酋長。

如此，我們可以憑藉著這些材料來做一種實驗：比較人類學家所蒐集的材料，與直接由印第安人本身所蒐集出版的材料。其實我不應該說「蒐集」，因為這兩本書並不是把幾個家族、幾個氏族、幾個宗族的傳說收在一起，再一個個擺開來，而只是由其後裔所出版的一個家族或一個氏族的歷

史。

　　問題是：神話終止於何處？而歷史又從何處
開始？一個我們全然陌生的案例，一段沒有文獻
可徵的過去，當然更沒有文字記錄，只有口耳相
傳的傳說，卻同樣也被宣稱為歷史。現在，如果
我們比較這兩種歷史：一份是得自史基納河流域
中部的芮特酋長，另一份則是由出身史基納河上
游的黑索墩 (Hazelton) 地區的家族的哈里斯酋長
所著作出版的，我們會發現相似處，也會發現不
同處。在芮特酋長的作品中，我們可看到我名之
曰「一場離亂的創生史」(the genesis of a disorder)
的情節。其整個故事的目標在於解釋：為何從他
們最早的源起之後，某個氏族或宗族或一群宗族，
儘管克服了許許多多嚴酷的考驗，歷經了成功的
時期，也熬過了失敗的時期，最終卻一步步地走
向災難性的結局。它是一個悲涼至極的故事，十
足是一篇民族衰亡史。而哈里斯酋長的著作，卻
有著迥然相異的氣象，因為這本書的主軸是鎖定
在解釋一組社會秩序的起源，這組社會秩序不僅

存在於歷史時期,而且至今仍然深植在那些名號、頭銜與特權之中,某個在其氏族與家族中位居顯要的人,仍舊可以依據繼承法則而將那些名號、頭銜與特權攬在手中。因此,這本書好像將一系列貫時性的事件鎖鍊,同時投影在現在的螢光幕上,以圖一片一片地重建起一組同時性的秩序,而這組秩序的存在,則可由某個特定個人所擁有的眾多名號與特權而得到證實。

這兩則故事、兩本書都一樣地引人入勝,而且是不折不扣的鉅著。但對人類學家而言,它們的主旨是要展現一種歷史的特徵,而這種歷史卻與我們自己的歷史截然不同。我們所寫的歷史實際上完全歸本於文字記錄,然而,這兩份歷史卻顯然沒有或者僅有極少的文字記錄可供參考。現在,當我嘗試去比較這兩者時,讓我驚異不置的是:兩本書的一開頭,都是先講述在神話時期或者歷史時期(我不知道哪一個說法才對,或許考古學將會解決這個謎)的史基納河上游,接近今日的黑索墩地區,有一個名叫天喇罕(Tenlaham,

依巴比奧的譯音）的大城鎮，再講述這個城鎮中
發生的種種。兩本書所講的這段故事，實際上是
一模一樣的：這個城市被毀，剩下的活口棄城逃
亡，沿著史基納河展開了一段艱苦的旅程。

　　這當然可能是一個眞實的歷史事件，但若我
們仔細看它述說的方式，我們就會看出：其事件
在大體上是相同的，但細節之處則不然。舉例言
之，依照其中一個版本的說法：一開始的時候，
由於一起通姦事件而引發了兩個村落或是兩個城
鎮之間的打鬥；但是，這故事可能是一個丈夫殺
了他妻子的姦夫，或者是妻子的兄弟殺了姦夫，
或者是丈夫因爲偵知姦情而殺了妻子。所以，你
看，我們這就有了一個解釋的細胞（explanatory
cell）。它的基本結構始終如一，但是細胞裏頭的內
容就不同，是可以變化的；所以，若容許我這麼
講的話，我稱它爲一種迷你的神話，因爲它非常
短、非常濃縮，但還是具有一則神話的屬性，容
許我們觀察它的各種變形──當一個成分被改變
了，其他的成分就得要相應地重整。這是這些氏

族的故事引起我興趣的第一個面相。

　　第二個面相是：這兩份歷史都具有高度的重覆性；同一形式的事件可以被拿來用好幾次，以述說不同的事態。例如，有一件令人驚訝的事情是：對照芮特酋長所說的某個特定傳奇中的一些故事，以及哈里斯酋長所說的另一則傳奇中的一些故事，我們卻發現了同樣的事態，但它們並非發生在同一個地點，也未影響到同一個人，而且，看起來極像是發生在不同的歷史時期。

　　經由閱讀這兩本書，我們發現到的是：我們所習於塑造的所謂「神話」與「歷史」之間的簡單對立，絕非一種涇渭分明的狀態，兩者之間其實還存在著一個中介的層次。神話是靜態的，我們可以發現同樣的神話元素一而再、再而三地混合，但它們都還是在一個閉鎖的系統裏面。這麼說吧：它與歷史構成了互異的對比，因為歷史理所當然地是一個開放的系統。

　　由於神話的細胞（mythical cell）或原本具神話性的解釋細胞可以有無限多的組合和重組的方

式，於是乎確保了歷史的開放性格。它昭示我們：
儘管使用的是同樣的材料──因爲它是所有群
落、氏族或宗族所共有的某種遺產──還是可以
成功地爲每一個群落、氏族或宗族分別建構起一
套套獨具創意的描述。

　　過去的人類學敍述的誤導之處在於：將原本
屬於許多不同的社會群體的傳說和信仰，東拉西
抓地湊成一種大雜燴。這使我們忽視了材料的一
項基本性格──某種形式的故事，必專屬於某個
特定的群體、家族、宗族或氏族，並且是這些特
定的群體、家族、宗族或氏族用以盡力解釋其命
運(不論是成功，還是敗亡)，或是意圖用以爲其
現今所擁有的權利與特權之論據，或嘗試用以支
持其索還失去多年之權利的訴求。

　　當我們嘗試去做科學性的歷史時，我們眞的
是在做什麼科學的東西嗎？或者，在我們邁入想
將之做成純歷史的領域裏時，是否也還留了一腳
跨在自己的神話上頭呢？設想在南美洲和北美洲
的某個人，實則上是在世界上任何地方的每一個

人，此人基於權利與繼承而擁有一種關於他的團
體的神話或傳奇故事的特定說法，當他聽見來自
另一個家族、氏族或宗族的某人所提出的一種不
同的說法時，這個說法相當程度上與其原本所知
的說法相近，但另方面卻又迥不相侔時，他將以
何種方式反應？這會是個非常有趣的觀察。現在，
我們會這樣想：兩種不一樣的說法不可能同時爲
真，但是，話雖如此，在某些案例中，似乎真的
不得不接受兩者都爲真，我們所能做的唯一分別，
只是認定其中一個說法比較好或比較精確罷了。
至於另外一些案例，兩種說法可能會被認爲一樣
有效，因爲兩者之間的差別無法用上述的那種角
度來把握。

　　當我們在日常生活中面對不同的歷史學家所
寫的不同的歷史敍述時，其實正處於完全相同的
情境裏，只是我們絲毫沒有意識到這一事實。我
們只注意到基本上類似的東西，而忽略掉由於歷
史學家雕塑及詮釋資料的方式不完全相同所導至
的差異。所以，如果你閱讀有著不同知識傳承、

不同政治歷練的兩位歷史學家所寫的兩份敍述，
不論其內容是關於美國革命、加拿大的英法戰爭，
還是法國大革命，看見他們告訴我們的不是完全
一樣的東西，我們也不會感到多麼驚訝。

　　因此，我的感受是：面對當代印第安作家嘗
試將他們的過去告訴我們而寫成的這段歷史（依
這個字眼的一般意義），要細心地研讀，不要認爲
這段歷史是一篇幻想的囈語，而是嘗試盡可能地
仔細，輔以某種史前考古學之助──發掘在這段
歷史中提及的村落遺址──並嘗試建立不同的敍
述間的對照（旣然這並非不可能做到之事），再嘗
試廓淸哪些確實可以相互參照，哪些則互不符應。
若果能如此，我們可能終究會對於「什麼是眞正
的歷史科學」達到一種更高境界的領會。

　　我絕非不相信：在我們自己的社會中，歷史
已經取代了神話，並發揮著同樣的功能。對於沒
有文字、沒有史料的社會而言，神話的目的在於
使未來盡可能地保持與過去和現在相同的樣態
（當然，百分之百的相同是不可能的），然而對於

我們而言，未來與現在必定是不同的，而且變化
的幅度日益擴大（當然，某些方面的不同要視我
們的政治偏好而定）。儘管如此，如果我們在研究
歷史時，將它構想爲神話的一種延續而絕非與神
話完全分離的歷史，那麼，在我們心靈之中縈迴
不去的「神話」與「歷史」之間的鴻溝，還是有
可能被衝破的。

神話與音樂
第 5 章

我在《生食與熟食》（*The Raw and the Coo-
ked*）一書的開頭以及《裸人》（*L'Homme nu*）一
書（這本書還未譯成英文，所以沒有英文書名[1]）
的結尾所暢論的神話與音樂的關係，或許是招致
最多誤解的題目，特別是在英語世界，其實在法
國亦然，因為這個關係被認為是相當牽強的。相
反地，我的感覺卻是：這兩者不是只有一種關係，
而且有兩種不同的關係：一個是相似性，另一個
是延續性；更有甚者，這二者事實上是同樣的東
西。但我並不是一時之間就了解到這些的，而是
先發現了兩者間相似性的關係，以下我將盡力地
解釋這個發現的過程。

就相似性的面相而論，我主要的論點是：正
如一份樂譜一樣，要將一則神話當成一個連續性
的序列（continuous sequence）來理解是不可能

---

1 譯者註：現今已有英文譯本了。見 *The Naked Man*; translat-
ed from the French by John and Doreen Weightman. Lon-
don: Cape, 1981.

的。這就是爲什麼我們應該明白，如果我們嘗試像讀一本小說或一篇報紙上的文章一樣地去讀一則神話，也就是一行接一行、從左到右地讀，我們一定讀不懂這則神話。因爲我們必須將它當成一個整體來把握，並且發現這則神話的基本意含，並不是透過事件的序列來傳達的，而是透過一堆事件來傳達的，即便這些事件在整個故事中出現於不同的時刻。因此，我們讀神話，必須或多或少像我們讀一份交響曲的總譜一樣，不能一列一列地讀，而必須掌握一整頁，並且了解到：這頁開頭第一列的內容，唯有將它視做下面的第二列、第三列等的不可分割的一個組成部份時，它才具有意義。這也就是說，我們不只是要從左向右讀，同時還得垂直地從頭到尾讀。我們必須了解每一頁是一個整體，同時，唯有將神話當成一列列寫成的一份交響曲總譜，我們才能將它當成一個整體來了解，才能從這則神話中抽繹出意義。

　　爲什麼會這樣？又怎麼會這樣呢？我感覺第二個面相，也就是神話與音樂之間的延續性給了

我們重要的線索。事實上，約莫在文藝復興與十
七世紀，神話思維退隱到西方思想的幕後的時候
（我認為不能說是毀滅或消失），開始出現了第一
本小說，而不再是依據神話的模式所編寫的故事。
就在同一個時期，我們見到了十七世紀，以及更
重要的十八、十九世紀所獨具的偉大的音樂形式
的出現。

　　音樂徹底地改變它的傳統形貌，就好像是專
為了要取代神話思維幾乎在同一時期所讓出的功
能──知識上以及情感上的功能。既然我在這裏
談音樂，我當然應該界定這個名詞。取代了神話
學傳統功能的，並不是隨便任何一種音樂，而是
藉由十七世紀初的弗瑞斯可巴第（Frescobaldi）、
十八世紀初的巴哈而出現於西方文明的音樂，這
種音樂於十八到十九世紀，藉著莫札特、貝多芬
與華格納之手而徹底發揚光大。

　　為了釐清這句話，我想要從華格納的音樂劇
《尼貝龍根的指環》（The Ring）之中引出一個具體
的例子。在這齣音樂劇中最重要的幾閥音樂主題

之一，是我們用法文稱「le thème de la renuncia-tion à l'amour」──棄絕情愛的主題。如眾所周知的，這個主題首次的出現，是在《萊茵的黃金》（*Rheingold*）之中，當萊茵河女神告訴阿貝利希（Alberich）：「唯有棄絕一切凡夫俗子的情愛，才能攫得黃金。」之時。這闋極為震儡人心的音樂主題，是對阿貝利希的一個警示，正在他說要拿取黃金而從此絕情棄愛之時響起。這一切是非常清楚而簡明的；「阿貝利希正在斷絕情愛」就是這個主題的真意。

現在，這個主題再現的第二個撼人至深而且重要的時刻，是在《伐酷利》（*Valkyrie*）[2] 之中一個極令人費解的場景：正當齊格蒙（Siegmund）發現他已經愛上了的齊格琳德（Sieglinde）竟是他的親妹妹，而且也正是齊格蒙欲將那把嵌在樹中的

---

2 譯者註：中文世界中較流行的譯法，多直接稱呼為女武神而不名，如本闋歌劇中最著名的一段音樂 *The Flight of Valkyrie*，中文常譯為《女武神的飛行》。

劍拔出，遂使他們開始陷入一場亂倫關係的時刻
——正當此時，棄絕情愛的主題倏然再現。這可
算是某種玄機，因為在這時，齊格蒙完全不是在
絕情棄義——他正在做相反的事，並且是因為妹
妹齊格琳德而有生以來首次認識到愛情。

　　這個主題的第三次出現，也是在《法酷利》。
在該劇的最後一幕，當諸神之王沃唐（Wotan）正
在懲罰他的女兒布倫希爾德（Brunhilde），以法術
將她鎖於漫長的睡眠，並以火燄將她包圍起來的
時候。我們可以認為沃唐也是在棄絕凡俗之愛，
因為他正在斬斷他對女兒的親情，但這不是很能
令人信服的說法。

　　因此，你看，我們已經有了像在神話學中一
模一樣的問題；亦即，我們有一個主題——在這
裏是音樂的主題，而非神話的主題——在一個非
常長的故事中的三個不同時刻出現（為了論證的
方便起見，我們姑且將討論範圍局限在《尼貝龍
根的指環》的頭兩齣戲）：開頭時一次，中間一次，
結尾時又一次。我想要表明的是：要了解這個主

題的這種神祕的再現，其不二法門在於：儘管它
們看起來非常的不同，但我們還是必須將這三場
事件擺在一起，一個一個疊起來，再看看我們能
不能把它們當成同一個事件來處理。

　　於是我們會注意到：在這三個不同的場合，
都有一個必須從某種束縛中被拉出來或撕扯出來
的寶物，分別是沉在萊茵河底的黃金；嵌在樹中
的劍──一株象徵性的樹，代表生命的樹或代表
宇宙的樹；還有需要被從火圈拉出來的女子布倫
希爾德。於是，這主題的反覆出現，提示了我們：
事實上，黃金、劍與布倫希爾德是同一個東西──
如果我可以這麼說的話──黃金是攫取權力的工
具，劍是攫取愛情的工具。同時，在黃金、劍與
女子這三者間存在著一種合一性這個事實，其實
正可以最恰當地解釋：為何在《諸神的黃昏》
(Twilight of the Gods) 的結尾處，是經由布倫希
爾德來使黃金回到萊茵河。因為他們是同一個東
西，只不過是從不同的角度來看罷了。

　　這組情節中還有其他相當清楚的幾個要點。

例如：雖然阿貝利希棄絕了愛情，但由於黃金的
緣故，他終究還是勾引了一個女人，後來為他生
下兒子哈根（Hagen）。而由於獲得了劍，齊格蒙
也將生下一子，就是後來的齊格菲（Siegfried）。
因此，這個主題的反覆再現，向我們揭示了一個
未曾在歌詞中交代的東西：在背叛者哈根與英雄
齊格菲之間，有一種雙胞胎的關係。他們兩人存
在著極為緊密的平行關係。這也可以解釋為何齊
格菲與哈根——或者應該說先是齊格菲的本尊，
然後是他化身為哈根——後來能夠在這故事中不
同的時刻征服布倫希爾德。

　　我可以繼續這樣講個三天三夜，不過，這幾
個例子也許已經足以解釋，分析神話和理解音樂
的方法是十分相似的。當我們聽音樂的時候，我
們所聽的，終究是種從一個開頭走到一個結尾的
東西，以及一種在時間中展開的東西。聽聽一首
交響曲：一首交響曲有開頭、中間和結尾，儘管
如此，倘若我不能時時刻刻將剛才與當下所聽到
的樂音匯集起來，並維持著對於這首音樂之整體

的意識，我仍究絲毫不能了解交響曲，也不能從
中得到任何音樂的喜悅。舉例來說，如果你拿主
題與變奏的音樂公式，唯有心中牢記著你首先聽
到的主題，你才可能領會感受每一段變奏；每一
段變奏都有本身獨特的風味，如果你能下意識地
將每段變奏疊影於你剛聽過的那組變奏之上，你
就會感覺出每段變奏獨特的風味。

　　所以，在音樂的聆賞者心中，以及在神話故
事的聽眾心中，都有一種持續不斷的重建過程。
這兩種過程不只是在外形上相似而已，而是：這
種特定的音樂形彷彿不是創新的，只是再現了早
已經存在於神話層次上的結構罷了。

　　舉例言之，一件令人印象深刻的事情是：在
巴哈的時代被規範化的賦格曲式，就活生生地表
現了某些神話的運行狀態──由兩個人物或兩群
人物，好比說（雖然這是過分簡化的說法）一個
好人和一個壞人所構成的那種神話。這則神話所
展開的故事，是關於一群人物想要逃跑，以脫離
另一群人物的掌握；於是一群被另一群追捕，有

時候甲群體回到乙群體，有時候乙群體遁走，都
彷彿在一闋賦格曲中。這就是我們用法文稱為「le
sujet et la réponse」（主題與回應）的情況。對仗
或交替一直貫穿了整個故事，直到兩個群體幾乎
交融混淆在一處，這就等於賦格曲的緊密和應
（stretta）；然後，在整則神話中一直對立的兩個
主軸終於相互融合，給予這場衝突以最後的解決
或高潮。它可以是上界的權力與下界的權力、天
與地，或是太陽與幽冥主宰等等角色之間的衝突。
神話之大融合的結局，在結構上非常相似於消融
並終結樂曲的合弦，因為後者所提供的，也是終
究要被再統一的諸極端的一次融匯。另外一些神
話，或說許多群神話的建構型態，也可以被揭示
為近似於一闋奏鳴曲、一首交響曲、一首輪旋曲、
一首處觸技曲，或任何一種想像得到的音樂形式
──這些形式其實都不是真由音樂所發明，而是
它在潛意識中從神話的結構中移借過來的。

　　我想要告訴你一則小故事。當我在寫《生食
與熟食》這本書時，我決定要給這本書的每一節

都按上一種音樂形式的性格，並稱呼它們這個是「奏鳴曲」，那個是「輪旋曲」等等。後來我碰上一則神話，我可以相當清楚地理解它的結構，但卻無法發現與這則神話的結構相對應的一種音樂形式。於是我打電話給我的一位作曲家朋友，雷奈‧萊波維茲（Rene Leibowitz），對他說明我的難題。我告訴了他這則神話的結構：一開始是兩個完全不同的故事，相互之間顯然沒有關係，然後才逐步交糅、融合，到最後合成了同一個主題。你要怎麼稱呼具有這種結構的樂曲？他絞盡腦汁想了半天，告訴我說：就他所知，在整個音樂史上，沒有任何一首曲子有這種結構，所以沒有這樣的名稱。但是，要有一首具這種結構的曲子，顯然是極為可能的；幾週之後，他寄給我一份他所作的樂譜，就借用了我告訴他的那則神話的結構。

接著要說的是：音樂與語言之間的對比，是個極難處理的東西，因為在一定程度上兩者對比起來極為相近，同時卻又存在著極大的差異。舉

例來說，當代語言學家曾告訴過我們：音素
（phonemes）——亦即我們錯誤地用字母來表示
的那些聲音——是語言的基本元件，它本身沒有
意義，但組合起來就有意義。你可以說它實際上
與音符是同樣的東西，一個音—— A、B、C、D
等等——本身沒有意義；如果它只是一個音而
已，而唯有音符的組合，才能構成音樂。所以你
還是大可以說：既然我們是以音素來做為語言的
基本材料，在音樂方面，我們就要有某種相應之
物，用法文講可以叫做 soneme，用英文來講或許
可以叫聲素（toneme），這是一種相似性。

　　但是如果你想到語言的下一步或下一個層
次，你將會發現：音素組合起來造成了語字
（words）；而語字組合起來則構成了語句（sen-
tences）。但在音樂裏頭沒有語字：音樂的基本材
料是音符，把音符組合起來，隨即就是一個「語
句」，一個旋律性的詞組。因此，在語言之中有三
個非常確定的層次——音素合成了語字，語字合
成了語句；但在音樂裏，雖然從邏輯的觀點來看，

音符確實多少類近於音素，但卻少掉了語字的層次而直接跳到了語句。

接著再拿神話同時與音樂和語言相比較，會發現這樣的差異：在神話中沒有音素；最底層的元素是語字。因此，若我們拿語言來做為範本，則這個範本是由：第一、音素；第二，語字；第三、語句所構成的。在音樂中有類同於音素的成分以及語句的成分，但沒有類同於語字的東西存在。在神話中，有等同於語字及語句的成分，但沒有類同於音素的成分。所以，在這兩方面都各少了一個層次。

倘若我們想要了解語言、神話與音樂之間的關係，我們只能這麼做：將語言當成一個轉折點，然後可以顯示為：一邊是音樂，另一邊是神話，兩者都導源於語言，但分別朝向不同的方向生長，音樂強調已根植於語言之中的聲音這個面向，而神話則強調感覺的面向、意義的面向，這也是植基於語言之中的。

索緒爾（Ferdinand de Saussure）昭示我們：

語言是由不可析離的元素所合成的——一方面是
聲音，另方面是意義。此外，吾友羅曼・雅克愼
(Roman Jakobson)剛剛出版了一本小書,名爲《聲
音與意念》(*Le Son et le Sens*)，亦即是語言之不
可分割的兩面：有聲音，聲音有一種意義，而且，
若沒有一個聲音去表達它,便不可能有意義存在。
在音樂，是由聲音的元素凌駕一切，而在神話，
則由意義的元素獨領風騷。

　　從孩提時期以來，我就一直夢想要當個作曲
家，或至少當個交響樂團指揮。小時候，我曾努
力嘗試給一齣歌劇譜曲，還給這齣歌劇寫了唱詞、
畫了舞臺布景，但我毫無辦法譜出曲來，因爲我
腦中缺少了某些東西。我覺得只有音樂和數學才
可以眞正稱得上是天生的，要想做其中任何一件
事，都得要有些與生俱來的細胞。我還記得很淸
楚：在戰爭期間，當我身爲難民住在紐約的時候，
有一次我和偉大的法國作曲家大流士・米堯 (Dar-
ius Milhaud) 一起吃晚飯。我問他：「你什麼時候
曉得你會成爲一位作曲家的?」他告訴我說：當他

還是個小孩子，每當在床上漸漸入睡時，他一直
會聽到與他所知道的那些音樂毫無任何關係的一
種音樂，後來才發現這其實已經是他自己的音樂。

　　音樂與神話是（若允許我這麼說的話）由語
言所孕育出的同胞姊妹，後來被拆散而分別走上
了不同的方向，就好像在神話故事中，一個角色
走向了北方，另一個則走向了南方，兩人再也不
曾相見。自從我發現到這一事實之後，我就想，
就算我這輩子沒本事用聲音來譜曲，也許我還可
以用意義來譜曲。

　　我嘗試描繪的那種類同性（之前已經講過了，
但我樂意再強調一遍），就我所知，僅能適用於近
幾個世紀所發展出來的西方音樂。但是，如今我
們正目睹著某些現象，從邏輯的觀點來看，這些
現象跟小說逐漸取代神話而成為主流文體這一歷
程頗為相似。我們正在目睹小說的消失。十八世
紀時所發生的「音樂襲奪神話的結構與功能」的
情節，極有可能正在重演，這一次，隨著小說逐
步退出文學的舞臺，所謂連續性的音樂（serial

music) 已經取代了小說而成爲當令的文藝作品形

式。

國家圖書館出版品預行編目資料

神話與意義／李維史陀（Claude Lévi-Strauss）著；
　楊德睿譯. -- 二版. -- 臺北市：麥田，城邦文化
出版：家庭傳媒城邦分公司發行，2010.12
　　面；　公分. --（麥田人文；46X）
　譯自：Myth and meaning: five talks for radio
　ISBN 978-986-120-481-9（平裝）

　1. 神話　2. 人類學

280.1　　　　　　　　　　　　　　　99023641

麥田人文 46X

神話與意義

作　　　者　克勞德‧李維史陀（Claude Lévi-Strauss）
譯　　　者　楊德睿
主　　　編　王德威
封 面 設 計　黃暐鵬
責 任 編 輯　吳惠貞

編 輯 總 監　劉麗真
總 經 理　陳逸瑛
發 行 人　涂玉雲
出　　　版　麥田出版
　　　　　　城邦文化事業股份有限公司
　　　　　　台北市中山區民生東路二段141號5樓
　　　　　　電話：02-2500-7696　傳真：02-2500-1966
　　　　　　部落格：http://blog.pixnet.net/ryefield
發　　　行　英屬蓋曼群島商家庭傳媒股份有限公司城邦分公司
　　　　　　台北市中山區民生東路二段141號11樓
　　　　　　書虫客服務專線：02-25007718‧02-25007719
　　　　　　24小時傳真服務：02-25001990‧02-25001991
　　　　　　服務時間：週一至週五09:30-12:00‧13:30-17:00
　　　　　　郵撥帳號：19863813　戶名：書虫股份有限公司
　　　　　　讀者服務信箱E-mail：service@readingclub.com.tw
香港發行所　城邦（香港）出版集團有限公司
　　　　　　香港灣仔駱克道193號東超商業中心1樓
　　　　　　電話：(852) 2508-6231　傳真：(852) 2578-9337
　　　　　　E-mail：hkcite@biznetvigator.com
馬新發行所　城邦（馬新）出版集團【Cite(M)Sdn. Bhd.(458372U)】
　　　　　　11, Jalan 30D/146, Desa Tasik, Sungai Besi,
　　　　　　57000 Kuala Lumpur, Malaysia
　　　　　　電話：(603) 90563833　傳真：(603) 90562833
印　　　刷　宏玖國際有限公司
初 版 一 刷　2001年7月
二 版 一 刷　2010年12月

定價：220元
ISBN：978-986-120-481-9

城邦讀書花園
www.cite.com.tw

讀者回函卡

謝謝您購買我們出版的書。請將讀者回函卡填好寄回，我們將不定期寄上城邦集團最新的出版資訊。

姓名：＿＿＿＿＿＿＿＿＿＿　電子信箱：＿＿＿＿＿＿＿＿＿

聯絡地址：□□□ ＿＿＿＿＿＿＿＿＿＿＿＿＿＿＿＿

電話：（公）＿＿＿＿＿＿＿ 分機 ＿＿＿（宅）＿＿＿＿＿＿＿

身分證字號：＿＿＿＿＿＿＿＿＿＿＿＿＿＿（此即您的讀者編號）

生日：＿＿年＿＿月＿＿日　性別：□男　□女

職業：□軍警　□公教　□學生　□傳播業　□製造業　□金融業　□資訊業　□銷售業
　　　□其他

教育程度：□碩士及以上　□大學　□專科　□高中　□國中及以下

購買方式：□書店　□郵購　□其他 ＿＿＿＿＿＿＿＿＿＿＿＿＿＿

喜歡閱讀的種類：（可複選）

□文學　□商業　□軍事　□歷史　□旅遊　□藝術　□科學　□推理　□傳記

□生活、勵志　□教育、心理　□其他 ＿＿＿＿＿＿＿＿＿＿＿

您從何處得知本書的消息？（可複選）

□書店　□報章雜誌　□廣播　□電視　□書訊　□親友　□其他 ＿＿＿＿＿

本書優點：（可複選）

□內容符合期待　□文筆流暢　□具實用性　□版面、圖片、字體安排適當

□其他 ＿＿＿＿＿＿＿＿＿＿＿＿＿＿＿＿＿＿＿＿＿＿

本書缺點：（可複選）

□內容不符合期待　□文筆欠佳　□內容保守　□版面、圖片、字體安排不易閱讀

□價格偏高　□其他 ＿＿＿＿＿＿＿＿＿＿＿＿＿＿＿＿＿

您對我們的建議：＿＿＿＿＿＿＿＿＿＿＿＿＿＿＿＿＿＿

＿＿＿＿＿＿＿＿＿＿＿＿＿＿＿＿＿＿＿＿＿＿＿＿＿＿＿

＿＿＿＿＿＿＿＿＿＿＿＿＿＿＿＿＿＿＿＿＿＿＿＿＿＿＿